Federico Bertesi

NOX POPULI

La Trilogia dei Canti di Provincia
De Gin Tonic Eloquentia
Extrema ratio
Nox Populi

EDIZIONI WE

ISBN 979-12-5497-203-8

©2025 Edizioni WE di Nicola Bergamaschi
Via Paulli 10/A – 26015 – Soresina (CR)

www.clickpertutti.com
www.edizioniwe.com
www.facebook.com/edizioniwe
www.instagram.com/edizioniwe
info@edizioniwe.com

Il percorso poetico proposto nelle pagine qui seguenti è un fraseggio frastagliato di riflessioni spontanee incapaci d'essere domate. Una rielaborazione di frammenti di idee ed emozioni, raccolte e assemblate mentre un'intera comunità è assopita nel torpore della notte. Un senso di smarrimento scandisce il ritmo della narrazione, quello stesso sentore che tiene in stallo intere generazioni.

In un tempo nel quale il passato sta finendo per essere dimenticato, a suggestionare l'esistenza quotidiana, sono l'incapacità e la mancanza di volontà nell'andare oltre le semplici consistenze dei singoli aspetti della vita.

Porsi delle domande, mettersi in discussione, riflettere con cognizione su temi sociali, dare un valore ai sentimenti e ai momenti di svago, assieme rappresentano, seppur in parte, la strada percorribile per riprendere coscienza dall'inerzia che attanaglia la contemporaneità.

La poesia, che è un atto di un'eloquenza onirica ed è l'estremo rimedio a questa indolenza, conferisce voce a quel corpo amorfo genericamente definito con la parola popolo.

Nox Populi

A Suzon
(la Cameriera del quadro
Il bar delle Folies-Bergère
di Édouard Manet)

«Pensare è come vivere due volte.»
Marco Tullio Cicerone

«Quando uno non riesce in nessun'altra cosa,
di solito si mette a scrivere.»
William Somerset Maugham

BREVE AVVERTENZA

Alcune delle 30 poesie contenute all'interno di questa raccolta sono dei segmenti di pensieri, delle riflessioni mancate, altre invece raccontano intere storie. Alcune sono ambientate nel mondo reale, di solito una cittadina di provincia o una località visitata durante un viaggio, altre invece sono ambientate in uno spazio interiore, che ha i tratti di un sogno. Alcune sono poesie in metrica, altre sono composte da elementi prettamente discorsivi. Alcune citano testi di altri autori o presentano arditi giochi di parole, mentre altre sono dei semplici versetti satirici o delle descrizioni di momenti di spensierata ilarità. Tutte però sono accomunate da un unico coefficiente: la sperimentazione di stili, temi e forme.

Anteprima

Echeggia il vento,
ripetuto e secco,
per strada il vuoto
tra i manifesti stracciati
dell'inappropriato.

Controcampo

Dal cinema s'allontana stimolato,
pronipote di Dino Risi e Anita Ekberg,
ha il battito accelerato
dalla circostanza ricolmo:
uno spettacolo, si è quasi innamorato.

Panorama

Filtra dalle finestre aperte
nella luce delle sei del mattino
un'aria quasi respirabile.

Assente quel civile frastuono
di quell'ingorgo,
di quei suoni edili corroboranti,
di citofoni ignorati e di quel vociare caustico
di cui si fa fregio il mondo.

Nell'ascolto del nulla
un volatile tuba,
una donna ubriaca canta beata,
la sveglia trilla di un lavoratore,
il tuono secco di un motore
ed espettora il signore che fuma in balcone.

Sdraiato per strada
su di un letto d'asfalto
come ghiaccio che si scioglie in un bicchiere,
va in scena la commedia della vita:
un atto unico, di breve durata
con il primo protagonista della giornata
giunto al capolinea della sua nottata,
fermo su di un binario morto,
non ancora conscio
che dovrà tornare
nel senso opposto.

De servitute humana

La normalità
è la cosa più rara.

Non vi è più traccia di logica
in questa processione
tra i sottomessi al corpo
e chi ha guasto l'animo.

Santa compassione, cieco caso,
accetta il passato
di quel perdono mancato.

Schiavo

Lei era nata pronta per la vita.

Mordace, vivace, servo
al giogo di un meccanismo mastodontico
d'una dote innata, d'uno splendido artificio.

L'intreccio è cercarla:
appare al tramonto
non accetta confronto
ha movenze sguaiate
e intenzioni stonate,
insegue la perfezione
è dotata di convinzione,
facezie ed estrosità,
fiera della vanità.

Tenace, vorace, servo
sottomesso a quell'incavo prodigioso
e al suo voluttuoso sorriso d'ordinanza:

l'ostentazione è il suo mantra.

Teatro delle Poesie

Di poche parole
e molti concetti.

Scritta da chi la legge,
letta da chi la scrive:
un trattato sull'intimità
per degli adepti
di una setta ormai estinta.

Vanaglorioso fenomeno popolare,
se la si considerasse al pari
di una canzone pronunciata
soppesando il testo
in assenza di note musicali.

È il primo e l'ultimo pensiero,
appare, senza alcuna coscienza,
vive la notte e ne delinea il giorno.

Di un'eloquenza inebriante,
estremo rimedio
sinonimo di un'arte mai finita,
fra visioni e frammenti
di versi ben più aggraziati di questi.

La Vìa dal Róoši

Di òoc' ch i fàan baśèer i mòunt,
'na riduuda ch l as pèerd su la bòca,
Voilà al diśègn sèinsa ritòch
èd l'òmm ch a aparteign:
quàand al mé tóos fra i só braas
al me ciacara tutt baas,
mè a ved la Vìa dal Róoši...

La cantèeva acscè,
la sgnóora in cal parchètt,
ch la cherdiiva d èsser franciśèina
e invéece l éera quèeśi 'na galèina.
Pinsèer che in tutt al paéeś
as sintiiva la só vuślòuna, śmalisièeda,
cuacèer i ragiunamèint èd tutt chièter.
Chè, i iin, po' bèlle avèss:
as sufrìss acscè bèin,
che l è giùsst un piaśéer stèerèggh.
Dal Medievèe, in campaagna e in dàl fàbrichi
nisùun l à màai faat un Quaraantòot: perché?
Perché a gh baasta avéer un quel èd blèin
da mètres indòos ind i gióoren èd fèesta.
Graand idèi e pòochi gèesta
i s'còunten a i amiigh
al usterìa, in piàasa èd in dal curtìil. Un siigh:
«No! T'en capìs gniinta!»
La śbraitèva mè nòona a só cugnèeda,
mèinter la friśśiiva al gnòoch
pèr cavèer la faam a mè surèela
ch la vléeva śughèer a òogni còsst con só
cuśèina,

pròpria incóo
ch l è al dè d la sèegra d la Madòona
e a gh è da purtèer i fióor al simitèeri,
stànnd atèinti:
a gh i iin d fuureb ch i chèeven al róoṡi
e i regaalen a lòor gugióoli.
Pèr furtuuna ch a gh è quèll pòover ragàas
ch al va fin Al Vrê
pèr divintèer muróos
ind al tentatìiv èd dèer un sèins a la só vìta,
ma con quèl ch'agh capita d'atòren,
a n a mìa ancòrra capìi
se l è méi l amóor
o fèeres curèer la mèint da un dutóor.

La Via delle Rose
(Traduzione in Italiano di *La Vìa dal Róoṡi*)

Des yeux qui font baiser les miens,
un rire qui se perd sur sa bouche,
Voilà le portrait sans retouche
de l'homme auquel j'appartiens:
Quand il me prend dans ses bras
Il me parle tout bas,
Je vois la vie en rose...

Cantava così,
la signora in quel parco,
che credeva d'essere una francesina
e invece era quasi una gallina.
Pensare che in tutto il paese
si sentiva la sua vociona, smaliziata,
coprire i ragionamenti di tutti quegli altri.
Qui, sono, poi già abituati:
si soffre così bene,
che è giusto un piacere starci.
Dal Medioevo, in campagna e nelle fabbriche,
nessuno ha mai fatto un Quarantotto: perché?
Perché gli basta avere un qualcosa di bellino
da mettersi indosso nei giorni di festa.
Grandi idee e poche gesta
si raccontano gli amici
all'osteria, in piazza e nel cortile. Un urlo:
«No! Non capisci niente!»
Gridava mia nonna a sua cognata,
mentre friggeva lo gnocco
per sfamare mia sorella

che voleva giocare a ogni costo con sua cugina,
proprio oggi,
che è il giorno della sagra della Madonna
e c'è da portare i fiori al cimitero,
stando attenti:
ci sono dei furbi che rubano le rose
e le regalano alle loro scrofe.
Per fortuna che c'è quel povero ragazzo
che va fino a Rovereto sulla Secchia
per fidanzarsi
nel tentativo di dare un senso alla sua vita,
ma con quello che gli capita intorno,
non ha ancora capito
se è meglio l'amore
o farsi curare la mente da un dottore.

Importanza

È più importate
il mare o un acquario?

De rerum populi

È sufficiente un dito.
Un dito condiziona le altre dita.
Un dito ha il potere di decidere per le altre dita.
Può far spezzare un filo di grano
o troncare il respiro di un ramo d'ulivo.
Può fermare o causare un crollo
imminente... immantinente... immane.

Nella covata e celata incertezza,
sovraccarico di insignificanza,
il Salvatore si è perduto in mezzo alla gente.
Gli hanno aumentato il tasso del mutuo
e lavora alla cassa di un fast food
vendendo hot-dog, patatine e Coca-Cola
nel turno di notte, lacchè silenzioso
davanti a banali empietà: disinteressata
una folla disorientata fissa il vuoto
cospargendo lo scorrere del tempo
di ketchup e maionese,
parlando del bene, escludendo il male,
in teoria, ma non in pratica.

«Considerate la vostra semenza:
fatti non foste a viver come bruti,
ma per seguir virtute e canoscenza.»
Il sommo avviso,
disprezzato da coloro che sono insoddisfatti,
senza le basi di un mancato insegnamento
nelle facili giustificazioni di chi
apprende con l'obbligo.

Sungai ibu
(*Fiume madre* in lingua indonesiana)

Argine della civiltà,
sintesi dell'essenzialità,
esente dall'opulenza quotidiana
la bellezza dello spirito
vi agisce e ne corrode la materia.
È l'occulto Oriente,
consapevole del destino che spetta all'uomo,
in un votivo credo
reincarnato e reso eterno
al di al di ciò che è deleterio.
Nella calma confusione
fatta di compromessi
e un'asfittica compressione
di regole in contrasto,
l'orizzonte appare più vasto
in una natura mercificata ormai da tempo
preservata con incoerenza,
ma tanto non sanno cosa farsene della coerenza,
che sovverte a quello che appare come niente
con un incontenibile espressione ridente
nell'enigmistico gioco della sopravvivenza.

Cordialmente

Ho sognato uno scambio epistolare.

Aprendo la cassetta delle lettere,
in una busta a me indirizzata
la regina del bel canto
mi domandava a mezzo piego postale
una parola inusuale da solfeggiare.

Pervaso da un profumo di capelli rossi
ragionai a voce alta
pensando a una sua danza:
se avessi una direzione
se avessi un'aspirazione
se avessi un'allucinazione
le scriverei tout court:

Cara Annalisa...
il suono della realtà
mi impedì però
di continuare.

La Violoncellista

Suonava con linearità,
avvezza sostenitrice
del piacere come strumento,
una sinfonia cortigiana:
incantevole e smarrita
la Violoncellista al plenilunio
adescava archetti,
annebbiando ogni qualvolta il giudizio,
ponendo in disordine l'ordine.

Non ho le idee chiare tutt'ora
se vi fosse passione.
Senz'ombra di dubbio vorrei non temere
questa emozione.

Sospiro:
l'universo ha fretta.

L'ultima strofa del preludio
era stata portata a compimento,
le corde ormai ferme
non si sfregavano più tra di loro e
la tavola armonica della musicista
restò piatta, inerme, ariosa.

Indifesa l'alba per strada
non indugiava.

Metafisica delle chimere

Una cosa che io non ho avuto mai
è la leggerezza che invece tu hai.
Astruso, ragiono sul fallimento
delicato e squisito,
credibile al cospetto del successo.
Escogito un'alternativa completa,
lussureggiante,
asserita poi da una versione funesta,
forviante.
Tutto m'appare così, un'utopia:
sono inadatto alla brutale lotta del vivere,
non comprendo
e posso soltanto starmene in disparte
lasciando che le masse si affannino
a inseguire connubi, qualifiche e denaro.
Io ho le mie ipotesi assurde,
giudizi estremamente cerebrali,
procedimenti risolutivi vani,
sogni volgari
di una psiche incomprensibile
che vuole perdersi altrove
senza alcun distacco,
mediante una scienza assoluta
di un'immaginazione mitologica irrisoluta.

Repetita Juventute

Un bene primario che ti viene sottratto
il risultato ottenuto di un primato perduto
è la fretta di quella che era la primavera
sentimento primitivo deflagrante
di una primizia rara divenuta scontata
nell'impellente bisogno di essere i primi
principale ipocrisia di ogni epoca
giacché privilegio limitato in un momento
che si fa privo del desiderato splendore

Biancorosso è il suo colore

La storia e la natura
vanno in una direzione,
le persone resistono
in virtù della passione.

Son sufficienti un gruppo d'individui
che corrono dietro a un pallone
per commuovere ed esaltare
lo spirito e il senso comune.
È la squadra locale
che scende in campo
con l'effige della tradizione secolare:
un Carpine, un Falco Reale.
E resiste alla caducità dell'essere
in una città che si fa veicolo di progresso
senza abbandonare le logiche di paese.

Superando ogni complicazione
sul filo del fuori gioco
rendendo importante
l'effimero dettaglio,
matematica certezza
in quell'istante, per quel futuro
incredibile e immortale,
per non bruciare, nell'oblio, dal quale dipende
quell'unico salvifico gesto agonistico
di un professionista nell'area di rigore
e di chi in panchina da guerriero
non riposa per celebrare il rituale
di una Vittoria dal significato ancestrale,

valvola di sfogo del tifoso
che a notte finita
torna all'ordinarietà
con davanti agli occhi
quel momento di straordinarietà.

Il tripudio di un sognatore
è l'inaspettata follia di una formazione
che ottiene una promozione
e fa a tinte il cuore.

Maleducazione Sentimentale
(Poesia a due voci)

Fiore: Lo capisci quello che è successo?
Frutto: Sì, certo. Ma è colpa mia?
Fiore: Siete uguali, voi.
Frutto: Non generalizzare.
Fiore: È una questione di mentalità.
Frutto: A me pare un'esagerazione.
Fiore: E le tue scenate di gelosia?
Frutto: Sono forse una mia fantasia...
Fiore: Smettiamola, il nostro non è amore!
Frutto: Ora stai facendo tu una scenata.
Fiore: Non c'è più passione.
Frutto: Che cosa stai dicendo?
Fiore: Ti lascio.
Frutto: È questo quello che vuoi?
Fiore: Sì, per te provo solo rancore.
Frutto: Non ti capisco.
Fiore: Non sei il mio padrone!
Frutto: Non lo sono mai stato.
Fiore: Mi hai calpestato!
Frutto: Ho capito, ti devo dare ragione?
Fiore: Sei moralmente guasto.
Frutto: Io neanche la volevo questa relazione.
Fiore: Fai silenzio adesso.
Frutto: Me lo avevi promesso!
Fiore: Cosa?
Frutto: La tua compassione.
Fiore: Ti conviene cambiare strategia.
Frutto: Non troverò nessun altro.
Fiore: Il problema è che troverai qualcun altro.

Bolle di parole

Torpore.
Costante miracolo in
un fraseggio, un'ispirazione:
che cosa vuol dire ribellione?

Ondeggiare su delle altalene
anche in età non più consona.

Ne hai ben donde
di dare attenzione
agli astri del firmamento
per carpirne il significato:
che cosa vuol dire sbagliato?

Vagare in un anfratto
per assecondare una fissazione.

L'interesse si è perduto
e va curato il timbro lessicale.
Scoppiano le parole
lavate con il sapone
in acqua e dolore:
che cosa vuol dire valore?

Un'infermiera che sopperisce
un paziente afflitto.

Essenziale conflitto,
la risposta di un individuo
dedito alla creazione
attraverso la distruzione,

fattore dell'ingenuità:
che cosa vuol dire complessità?

Una precisa coscienza
di sapere come intervenire.

Una necessaria solerzia da definire.

Cantando sotto le bombe

È normale, a questo punto notare
di come un concetto legato alla parola Pace
sia il principale alimento
di sfide e rivalità vissute con tormento.

Sembra quasi conflittuale
insinuare un disarmo effettivo
di ogni arma atomica ingiusta
nelle mani di chi la vuole usare.

Canti caraibici: è pur sempre carnevale!
Divergendo dalla situazione attuale
sembra quasi quel famoso musical,
eppure non sarà il cielo a lacrimare.

Non sono

Non sono un chirurgo che salva delle vite
Non sono un agricoltore che coltiva la vite.

Non sono un esperto di politica internazionale
Non sono il commissario tecnico della nazionale.

Non sono un pilota del Gran Premio
Non sono un astemio
Non sono un meteorologo
Non sono qui per fare un monologo
Non sono alla moda
Non sono avvezzo nel fare ogni cosa
Non sono il presidente
Non sono veggente
Non sono il relatore della tesi
Non sono quel Federico Bertesi
Non sono un acclamato artista
Non sono mai stato dall'analista
Non sono pazzo
Non sono ormai più un ragazzo
Non sono uno dal cuore d'oro
Non sono come loro
Non sono un attore
Non sono nemmeno un vero scrittore
Non sono affascinante
Non sono un mercante
Non sono Dio
Non sono bravo a dire addio
Non sono nato in una grande città
Non sono sicuro, vedremo del futuro che sarà
Non sono un inetto

Non sono perfetto
Non sono immune
Non sono del tutto una persona comune
Non sono fascista
Non sono un comunista
Non sono milionario
Non sono sagittario
Non sono un ingenuo, ovviamente
Non sono un genio, certamente
Non sono mai stato in una fonderia
Non sono membro di nessuna giuria
Non sono cantante perché stono
Non sono.

Sono di più le cose che non sono
di quelle che sono,
giacché sono di più le cose che non so
di quelle che so
benché io viva una civiltà caotica che ha
milioni di opinioni non richieste e dà
potere a chi nell'avvenire non investe
guardando solo ora e qua
adesso, ti dicono vai, devi lavorare va
con la mera logica del fare,
giustamente se non la si fa
si scontentano tutti in particolari quelli là
che pensano solo al denaro e tu
che gli fai fare denaro
pensi solo a dove per le ferie è meglio andare
è così, perché qui non ci vuoi più stare
e almeno per un po'
nell'altrove puoi sognare.

Tutto questo mi fa incazzare
perché mi rendo conto che io
la macchina che sto pagando a rate
con lo stipendio e le altre cazzate
la uso per andarci a lavorare
mica al mare.

Ogni volta è ciò che non sono a prevaricare
pur di poter diventare: il vorrei essere
che porto dentro di me come un malessere
imposto dalla società del benessere,
per la quale a fine giornata mi domando,
è questo che sono diventato?

Non so, no...

Solo annunci, di prosperità

LAVORO

Impiegata demotivata con 10 anni di esperienza in e-mail non corrisposte, progetti accantonati, inutili riunioni, pratiche artefatte cerca nuovo lavoro part-time o full-time. Astenersi perditempo.

IMMOBILI

Coppia Coraggiosa di Lavoratori cerca appartamento in affitto in zona centrale per una prima esperienza di convivenza da congiunti. Max €500 al mese. Aiutateci a sognare…

VACANZE

Presso Nota Località delle Riviera Affitto Stanze per periodo estivo, anche settimanalmente. Sì animali domestici. Sì fumatori. Sì bambini. Sì stranieri. Sì meridionali. Sì omosessuali. Sì vegani. Sì!

VEICOLI

Navicella Aerospaziale come nuova, di colore nero e interni in pelle, tagliandi regolari, full optional. Se interessati contattare.

MERCATINO

Giacca a Vento imbottita in vera Piuma d'Ottimismo, modello unisex, taglia M, colore arancione, usata poco. Prezzo da concordare.

La banalità

Non la puoi raccontare
la si vive
ed è già tanto.

Brevis furor

Con addosso un trench
il mento all'insù e il naso un po' french
odiava le persone in quel country ranch
ove per sopire la rabbia durante il brunch
rideva e beveva punch

Body Shop

I've got a fairy tale:
please, just wait and see,
why don't we make a deal?

I'd like to say,
sassy as I can be:
don't go away.

This is the short story
of a whipped man
by a bondage life.

In a stark lowland
he lives in the dust,
but maybe he trusts.

At midnight he goes
looking for moonlight:
another one on the road.

He doesn't go abroad,
yet was that the place
never better to leave?

Search and research,
it's not the end of world
if we pull up with him.

Each thing is a show
useful to grow
in the same way.

The man of this novel
is a perfect character
for a sticky sweet movie:

a cowboy without cattle,
happy as a beer,
always with a leer.

Could he kiss your beautiful skin?
Hold on and hope,
until the break of the day.

Aghi di pino

In mezzo alla neve delle Alpi
in riva al mare a Riccione
a Venezia o in Val di Susa
a frastagliare il cielo
scenografia teatrale
un esiguo elemento
accomuna

In mezzo alla neve delle Alpi
in riva al mare a Riccione

L'umanità attorno

Sono qui, adesso, ad aspettare
circondato in un luogo d'incontri
da figure delle quali mi chiedo
cosa siano qui a fare.

C'è chi conversa, discute e si diverte
chi guarda uno schermo e non dice niente
c'è chi a quest'ora, viene sempre qua
e ordina la stessa birra in quel bar
c'è chi s'incontra per la prima volta
chi di dove si trova, non gliene importa
c'è chi sta facendo una telefonata di lavoro
e chi qui lavora vendendo inutilità
c'è chi ogni giorno va in quella chiesa
perché non sa dove altro andare
c'è chi in questo posto ha trovato il suo mondo
e chi non vorrebbe più stare al mondo
c'è chi vuole e cerca un po' di pace
chi ha cambiato taglio di capelli e non si piace
c'è chi è indeciso e spera
in uno sguardo.

Aspetto qui di ritrovare la fantasia,
quella che da bambino mi faceva
sembrare il magazzino di un negozio
di articoli di ferramenta
un parco dei divertimenti.

Sciabordio gustativo

- 250 g d'ansia
- 80 g di delusioni
- 10 g di nervosismo
- 100 ml di smarrimento
- Errori q. b.

Dosi per 1 persona
Preparazione in 30 min
Difficoltà: Facile

1. Manteca la pasta con l'acqua di cottura;
2. Usa il burro chiarificato, fa meno male;
3. Non abbondare con il sale;
4. Ogni forno ha la sua temperatura.

Un fenomeno meccanico,
necessario, metabolico,
la bocca si agita
avida nell'assaporare:
«Con cosa vuoi cenare?»
Si scelgono i condimenti
si prepara la salsa
nell'agiatezza della scelta
che crea subbuglio
per l'ennesima decisione d'affrontare,
un affronto intellettuale
inflessibile, sull'alimento da mangiare.

Del tipo: «Ma che cos'è una gricia?»
Una carbonara senza uovo,
un'amatriciana senza pomodoro,
o una cacio e pepe col guanciale...

Un dibattito nazionale
dell'ormai consueta retorica
nutrizional-popolare.

Facta factotum

Impropria imitazione
di un nervoso cane
sotto mentite spoglie diocesane.

Dannato dalla memoria
nella quale resta rinchiuso
facendone una colpa felice
nel suo modo di vivere.

I fatti sono fatti
sbagliati da chi ha sbagliato
compresi da chi ha compreso
ignorati da chi ragiona con imperizia
alla stregua di un asservito mandante.

Verrà mai compreso un orientamento diverso?
Il compito della dirigenza è la divergenza,
un pensiero cangiante.

Addobbi di Natale

È tradizione, anche se
non c'è più religione:
luci accese,
laute libagioni,
paffute provvigioni.
Un incontro mediato
d'affetto incondizionato.
La misantropia abortisce
si assopisce nella narrazione,
nell'atmosfera di quel valzer d'orpelli
laddove con uno scopo imposto
lo spirito si rivela nell'avvenenza
di quegli eccessi, in quel frangente
che va oltre il niente.

Carte da gioco

L'intrattenimento, metafora dell'esistenza, di una
specie che non ha pazienza e che di certe vicende
non si vuole occupare preferendo di non sapere,
distogliendo la vista dal punto focale in quanto
incapace, un essere indeterminante.

Le carte erano già predisposte sul tavolo da gioco,
in palio il buonumore. Che fare...

Il mazziere estrae la prima carta, un Asso
di Cuori, l'obbiettivo atavico,
il desiderio esaudito,
un bisogno globale,
l'illusione impossibile da calcolare.

Poi c'è un Otto
di Quadri, di ricordi,
linee e corpi,
nostalgia di un passato
che alla fin dei conti è stato.

La terza, un Re
di Fiori, l'arrivo al traguardo,
un ostacolo superato,
ciò che era sperato
infine appassito e quasi appiattito.

In mano, al giocatore, un Quattro
di Picche, le complicazioni,
la ricerca del cambiamento,

tra destino e angoscia,
l'ardua alternativa per questo mondo.

Appare inutile ora continuare a giocare.

Carpe diem

Complici,
è la fine di un'era
e tu, anche di schiena,
sei la iena
in questo inganno.

Solamente bagliori:
si è spenta la luce.

Discorsi vacui
che in un attimo
sfiniscono.

La verità non esiste

Confondendo senza scampo
ciò che sono sensazioni,
delle mere opinioni,
con fatti attribuiti
esaltati da Visionari e Realisti
ha come scopo
d'esistere nell'esistenza
priva di un senso, dove
la verità desiste
perché non più esiste.

ANNOTAZIONI

La Poesia *La Vìa dal Róośi* è stata composta in dialetto carpigiano, adattando i riferimenti onomatopeici di una lingua prettamente orale, attraverso il Dizionario del dialetto carpigiano di Graziano Malagoli e Anna Maria Ori (edito da Rotary Club Carpi e Fondazione CR Carpi). L'autore ringrazia per la supervisione testuale l'attore dialettale Guido Grazzi. Il dialetto è un retaggio linguistico ormai in disuso, tenuto in piedi a Carpi da realtà locali come la Compagnia Dialettale La Vintarola. All'interno di questa poesia, la strofa iniziale, è un adattamento fonetico e non semantico della canzone francese *La Vie en rose* di Édith Piaf. Mentre il verso *si soffre così bene, che è giusto un piacere starci* fa riferimento a una citazione di Ermanno Sueri (scrittore) contenuta nella prefazione alla sua *Divina Catarsi*: "A me non va di lasciare Carpi: ci soffro così bene, ormai, che è diventato un piacere l'abitarvi".

Il quesito poetico senza una risposta di *Importanza* è un invito a una riflessione più ampia, che va al di là del concetto espresso dal significato letterale delle parole mare e acquario. Si tratta di un'esortazione verso una visione metaforica del concetto inteso da quella domanda, che il lettore in modo introspettivo può porsi, al dì là della visione dell'autore. Non vi è una singola risposta che possa prevalere sulle altre in alcun modo, dato il costante mutamento del punto di vista offerto potenzialmente dal contenuto e dal contenitore. Ne consegue una replica prettamente elastica e soggettiva.

De rerum populi contiene la citazione «*Considerate la vostra semenza: fatti non foste a viver come bruti, ma per seguir virtute e canoscenza.*» tratta dalla celebre terzina del Canto Ventiseiesimo dell'Inferno del Sommo Poeta Dante Alighieri.

La poesia *Body Shop* è in lingua inglese ed è volutamente sprovvista di traduzione a fronte al testo originale, in quanto più che al significato letterale delle parole nella versione in italiano, la poetica di questo componimento si basa sulla musicalità del lessico anglosassone. La supervisione grammaticale e lessicale di questo componimento in lingua straniera è stata curata dalla Dottoressa in Lingue Monica Luppi.

NOTE SULL'AUTORE

Federico Bertesi (Carpi, 28-12-1993), diplomato in ragioneria, laureato in Scienze della Comunicazione, nel 2018 ha conseguito il Master in Arti del Racconto allo IUML di Milano.

Attualmente è Operatore Culturale e collabora con Associazioni attive nelle province di Modena e Reggio Emilia in ambito teatrale e cinematografico.

Nel 2019 è stata pubblicata la sua prima raccolta di poesie, De Gin Tonic Eloquentia, edita da Edizioni Virgilio - Edizioni WE.

Nel 2023 sempre per Edizioni WE pubblica la raccolta di poesie Extrema ratio.

INDICE